치매 예방을 위한

어르신들의
두뇌 활동

치매 예방을 위한

어르신들의
두뇌 활동

초판 1쇄 발행 | 2025년 06월 30일

그린이 | 김지호

발행인 | 김선희 · 대 표 | 김종대
펴낸곳 | 도서출판 매월당
책임편집 | 박옥훈 · 디자인 | 심서령 · 마케터 | 양진철 · 김용준

등록번호 | 388-2006-000018호
등록일 | 2005년 4월 7일
주소 | 경기도 부천시 소사구 중동로 71번길 39, 109동 1601호
        (송내동, 뉴서울아파트)
전화 | 032-666-1130 · 팩스 | 032-215-1130

ISBN 979-11-7029-261-6 (13690)

치매 예방을 위한

어르신들의 두뇌 활동

김지호 그림

매월당

　나이가 들어감에 따라 마음과는 다르게 우리 몸은 여기저기 불편한 곳이 생겨나고 그로 인해 삶의 질은 떨어질 수밖에 없습니다. 소득 수준과 의료기술의 발전으로 한국인의 기대수명은 해마다 늘어나 2018년 기준으로 82.7세에 이르게 되었습니다. 그런데 질병 없이 건강하게 사는 기간인 건강수명은 해마다 조금씩 감소하여 2018년에는 64.4세에 불과하여, 질병을 안고 사는 기간이 18.3년이나 됩니다. 즉, 죽기 전 거의 20여 년을 질병과 싸우다 죽는다는 것입니다. 기대수명과 건강수명의 폭이 커질수록 노후의 투병 생활이 더 길어짐을 의미하는데, 우리의 건강수명이 다한 그 이후 삶의 질을 결정짓는 가장 큰 질병은 바로 치매입니다.

　보건복지부 조사에 따르면 65세 이상 노인 인구 중 치매 환자가 2012년부터 해마다 20퍼센트씩 증가해 2041년에는 200만 명을 넘어설 것으로 추산하고 있습니다. 지금도 85세 이상 노인 인구 3명 중 1명은 치매를 앓고 있는데 30년 후에는 절반 이상이 앓게 된다는 것입니다. 치매가 정말 무서운 이유는 치료가 불가능하기 때문입니다. 따라서 치매는 걸리지 않는 것이 가장 효과적인 예방법입니다.

치매란 어떤 병인가

　치매는 후천적으로 기억, 언어, 판단력 등 여러 영역의 인지 기능이 감소하여 일상생활을 제대로 수행하지 못하는 임상 증후군을 의미합니다. 치매에는 알츠하이머병이라 불리는 노인성 치매, 중풍 등으로 인해 생기는 혈관성 치매가 있으며, 이 밖에도 다양한 원인에 의한 치매가 있습니다.

　치매와 건망증은 다릅니다. 건망증은 일반적으로 기억력의 저하를 호소하지만,

지남력(현재 자신이 놓여 있는 상황을 올바르게 인식하는 능력)이나 판단력 등은 정상이어서 일상적인 생활에 지장을 주지 않습니다. 하지만 치매는 단지 기억력 저하뿐 아니라 물건의 이름이 금방 떠오르지 않아 머뭇거리는 언어 장애, 길을 잃고 헤매는 시공간 파악 능력 저하, 거스름돈과 같은 잔돈을 주고받는 데 자꾸 실수가 생기는 계산 능력의 저하, 꼼꼼하고 의욕적이던 성격이 매사에 무관심해지는 성격의 변화, 우울증이 생기거나 수면 장애가 발생하는 감정의 변화 등 다양한 정신 능력에 장애가 발생함으로써 지적인 기능의 지속적 감퇴가 초래됩니다.

그러므로 치매는 신경인지 기능의 점진적인 감퇴로 인해 일상생활 전반에 대한 수행 능력 장애가 초래되는 질환입니다. 현재까지 발생 기전이 확실히 규명되지 않았고, 원인을 치료할 수 있는 치료법도 없으며, 획기적인 치료제도 개발되지 못했습니다. 따라서 미리 예방하는 것이 중요합니다.

그렇다면 효과적인 두뇌 훈련을 위해서는 어떠한 활동이 필요할까요? 먼저 다양한 인지 활동을 포함시켜 여러 뇌 영역을 자극해야 합니다. 그리고 점차 난이도를 높여가며 지속적으로 도전하고, 즐거움과 의미를 주는 활동을 선택해서 일관성 있게 꾸준히 참여하는 것이 중요합니다.

일반적으로 권장되는 것은 두뇌 회전을 많이 시킬 수 있는 놀이나 독서입니다. 건전한 수준의 게임, 바둑, 카드놀이와 같은 종합적인 인지 능력을 요구하는 놀이가 건망증을 예방하는 데 도움이 됩니다. 또 신문이나 책을 읽거나 글을 쓰는 것도 효과적인 예방법입니다. 건강한 식습관을 가지고 생선과 채소를 즐겨 먹고 적절한 운동을 병행합니다. 꾸준한 걷기 운동은 인지 기능을 유지하는 데 도움이 됩니다. 지나친 음주와 흡연을 삼가야 합니다. 술과 담배는 기억력 등의 인지 기능에 나쁜 영향을 미칩니다. 수면 부족은 기억력을 떨어뜨릴 수 있으므로 충분한 수면을 취하고, 메모하는 생활을 습관화하는 것이 좋습니다.

인지 능력이란 무엇인가

인지 능력이란 매우 단순한 것부터 복잡한 것에 이르기까지 모든 종류의 사물을 분별하여 자극을 받아들이고, 저장하고, 인출하는 일련의 정신 과정으로 지각, 지각, 기억, 상상, 개념, 판단, 추리를 포함하여 '무엇을 안다는 것'을 나타내는 포괄적인 용어로 쓰입니다.

기초 인지 능력에는 모든 학습의 기초가 되는 능력으로 읽기, 쓰기, 독해, 기초 학문을 배우기에 앞서 발달해야 하는 기본 정신 능력을 말합니다. 여기에는 감각과 지각, 주의력, 기억, 정보 처리 속도, 정보 처리 과정 등이 포함됩니다. 그리고 이보다 차원이 높은 고차원적 사고력에는 개념적 사고, 추리와 예측, 비교와 분석, 인과관계, 문제 해결 등이 포함됩니다.

인지 능력은 우리 두뇌가 생각하고, 듣고, 배우고, 이해하고, 정당화하고, 질문하고, 세심한 주의를 기울이는 데 활용하는 필수적인 특성인 다음과 같은 주요 요소들로 구성됩니다.

첫째, 지속적인 주의는 일정 기간 동안 작업을 수행하며 집중하는 능력으로, 이는 학습과 일상생활에서 필수적입니다. 둘째, 반응 억제는 예상치 못한 상황에서

도 집중력을 유지하고 적절한 행동을 선택하는 능력을 말합니다. 셋째, 정보 처리 속도는 학습자가 정보를 해석하고 이해하는 속도와 관련이 있습니다. 넷째, 인지 조절 및 다양성은 상황에 맞게 사고방식을 조정하고 여러 각도로 문제를 해결할 수 있는 능력입니다. 다섯째, 다중 동시 초점은 여러 작업을 동시에 수행할 수 있는 능력입니다. 여섯째, 기능적 기억은 특정 활동을 수행하기 위해 필요한 정보를 순간적으로 유지하는 능력입니다.

이러한 인지 능력은 일상생활 중 다양한 상황에서 활용되며, 학습과 문제 해결에 중요한 역할을 합니다. 인지 능력이 저하되면 학습 어려움으로 이어질 수 있으며, 이는 하나 이상의 인지 기능이 손상될 때 발생합니다. 인지 기능 저하 증상에는 기억력 감퇴, 언어 능력 저하, 시공간 파악 능력 저하, 판단력 및 일상생활 수행 능력의 저하 등이 포함됩니다. 정신행동 증상에는 성격 변화, 무감동, 우울, 불안, 망상, 환각, 배회, 공격성, 자극 과민성, 이상 행동, 식이 변화, 수면 장애 등의 성격이나 정서 혹은 행동 문제들이 포함됩니다.

지금 당장은 아무런 문제가 없지만 언제 찾아올지 모르는 무서운 질병 '치매'를 예방하는 차원에서, 그리고 최근 들어 인지 능력이 예전과 비교해 떨어지는 건 아닌가 의심되는 분들을 위해 만든 이 책《치매 예방을 위한 어르신들의 두뇌 활동》을 통해 인생을 조금 더 건강하고 행복하게 살아가기를 소망합니다.

차 례

이 책을 시작하기 전에 일러두기

집중력과 기억력, 문제 해결 능력, 패턴 인식, 논리적 추론, 어휘력, 시공간 인식 능력 등을 향상시킬 수 있는 다양한 문제들을 12장으로 구분해서 수록했습니다. 어렵지 않은 문제부터 시작해서 중간에 포기하지 않고 꾸준히 재미있게 풀다 보면 우리 뇌를 골고루 자극시켜 인지 능력이 점차 좋아질 수 있습니다.

짝꿍 찾기

01 짝꿍 찾기

왼쪽과 관련이 있는 그림을 오른쪽에서 찾아 서로 연결해 주세요.

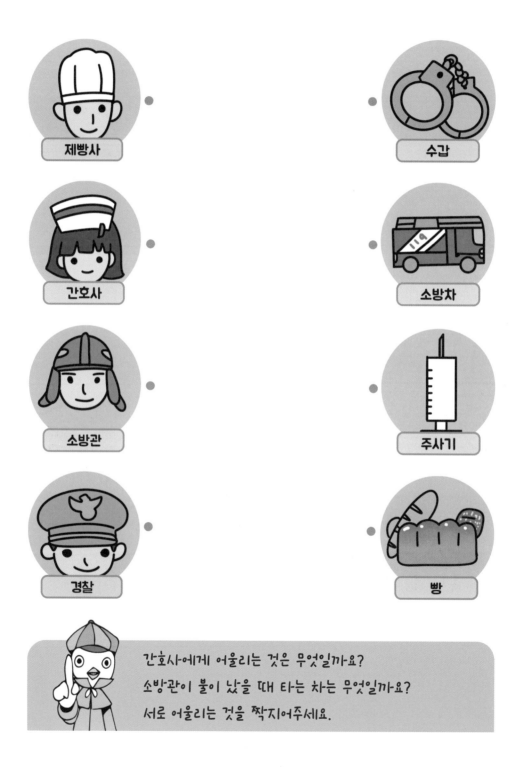

제빵사

수갑

간호사

소방차

소방관

주사기

경찰

빵

간호사에게 어울리는 것은 무엇일까요?

소방관이 불이 났을 때 타는 차는 무엇일까요?

서로 어울리는 것을 짝지어주세요.

02 짝꿍 찾기

왼쪽과 관련이 있는 그림을 오른쪽에서 찾아 서로 연결해 주세요.

닭

책상

배

달걀

의자

바다

축구공

골대

닭이 무엇을 낳을까요? 배는 어디에 떠 있나요?
서로 연관이 있는 것들의 짝을 찾아주세요.

03 짝꿍 찾기

왼쪽과 관련이 있는 그림을 오른쪽에서 찾아 서로 연결해 주세요.

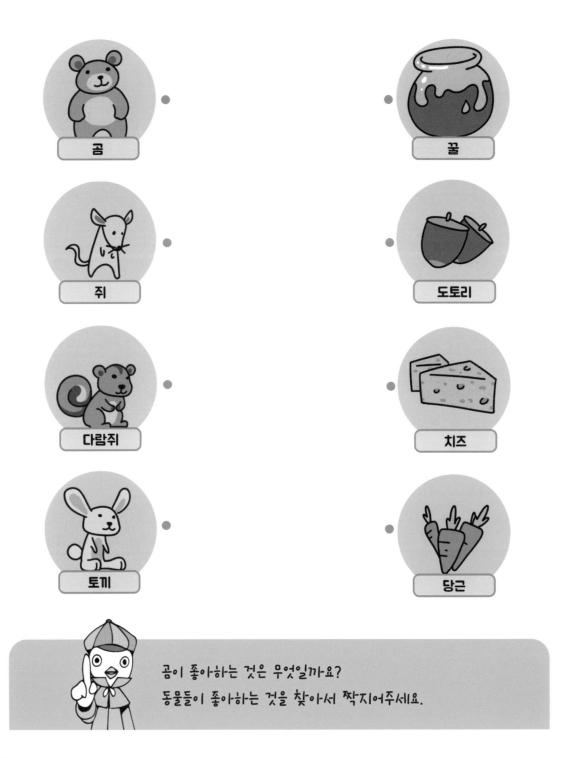

곰

꿀

쥐

도토리

다람쥐

치즈

토끼

당근

곰이 좋아하는 것은 무엇일까요?
동물들이 좋아하는 것을 찾아서 짝지어주세요.

04 짝꿍 찾기

왼쪽과 관련이 있는 그림을 오른쪽에서 찾아 서로 연결해 주세요.

야구방망이

목줄

휴지

야구공

축구공

골대

개

화장실

강아지와 산책하려면 무엇이 필요할까요?
휴지는 어디서 사용하나요?
서로 어울리는 것을 찾아 짝지어주세요.

15

05 짝꿍 찾기

왼쪽과 관련이 있는 그림을 오른쪽에서 찾아 서로 연결해 주세요.

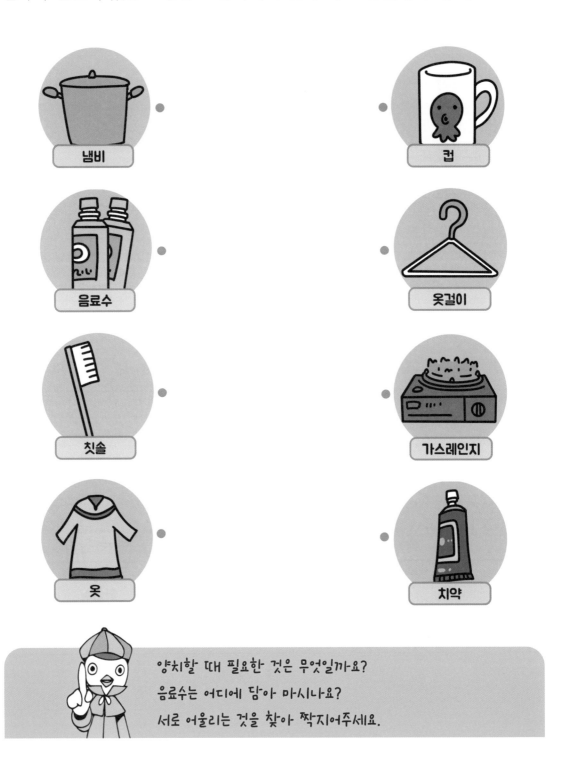

냄비

컵

음료수

옷걸이

칫솔

가스레인지

옷

치약

양치할 때 필요한 것은 무엇일까요?

음료수는 어디에 담아 마시나요?

서로 어울리는 것을 찾아 짝지어주세요.

06 짝꿍 찾기

왼쪽과 관련이 있는 그림을 오른쪽에서 찾아 서로 연결해 주세요.

눈

달

먹구름

열매

해

눈사람

나무

비

눈으로 만들 수 있는 것은 무엇일까요?

낮에는 해가 뜨고 밤하늘에 뜨는 걸 무엇일까요?

서로 어울리는 것을 찾아 짝지어주세요.

07 짝꿍 찾기

왼쪽과 관련이 있는 그림을 오른쪽에서 찾아 서로 연결해 주세요.

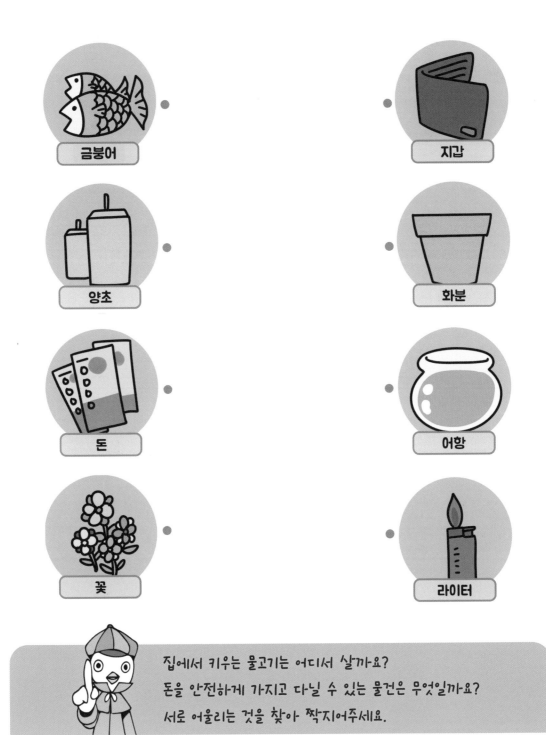

금붕어

지갑

양초

화분

돈

어항

꽃

라이터

집에서 키우는 물고기는 어디서 살까요?
돈을 안전하게 가지고 다닐 수 있는 물건은 무엇일까요?
서로 어울리는 것을 찾아 짝지어주세요.

누구일까

01 누구일까

지하철에 네 사람이 앉아 있어요.
이 중 한 사람은 시험을 보러 가는 길입니다.
누구일까요?

02 누구일까

시계탑 옆에서 친구를 기다리고 있어요.
친구는 머리가 짧고 보라색을 좋아해요.
누구일까요?

03 누구일까

네 사람 중에 아주 신 레몬을 먹은 사람이 있어요.
누구일까요?

레몬을 먹으면 입에 침이 잔뜩 고일 거예요.
이 중에서 침을 흘리고 있는 사람이 누구인지
바로 보일 거예요!

04 누구일까

친구들이 소풍을 가기로 했어요. 빵을 좋아하는 친구가 친구들과 다 같이
먹을 수 있을 만큼의 빵을 가져오겠다고 해요. 누구일까요?

네 사람이 같이 먹을 빵을 담을
무언가가 필요할 거예요. 그 물건을 가진
친구를 찾아보세요.

05 누구일까

과자가 담겨 있던 간식 그릇이 텅 비어 있어요.
몰래 과자를 먹은 사람은 누구일까요?

과자를 먹을 때 나도 모르게 입 주변에
과자 부스러기가 묻을 수 있어요.
네 사람 중에 과자 부스러기가 묻어 있는
사람을 찾아보세요.

06 누구일까

꽃병이 깨졌어요. 네 사람 중에 꽃병을 깨뜨린 사람은 누구일까요?

꽃병의 꽃 한 송이가 없어졌는데
그 꽃을 가지고 있는 사람을 찾아보세요.

07 누구일까

강아지가 주인을 기다리고 있어요.
누구일까요?

강아지와 산책하려는 사람을
찾아보세요.

그림 퍼즐 맞추기

01 그림 퍼즐 맞추기

아래 그림에서 빠진 부분에 맞는 퍼즐 조각을 찾아서 빈칸에 번호를 써넣으세요.

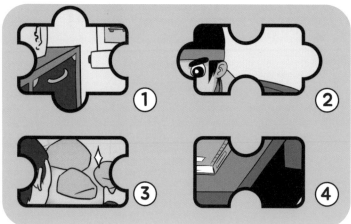

힌트!
그림과 퍼즐의 모양을
잘 살펴보면 쉽게 정답을
찾을 수 있어요.

02 그림 퍼즐 맞추기

아래 그림에서 빠진 부분에 맞는 퍼즐 조각을 찾아서 빈칸에 번호를 써넣으세요.

힌트!
그림과 퍼즐의 모양을
잘 살펴보면 쉽게 정답을
찾을 수 있어요.

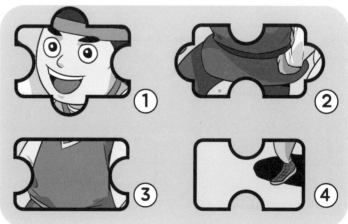

03 그림 퍼즐 맞추기

아래 그림에서 빠진 부분에 맞는 퍼즐 조각을 찾아서 빈칸에 번호를 써넣으세요.

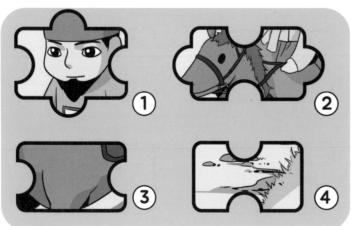

힌트!
그림과 퍼즐의 모양을
잘 살펴보면 쉽게 정답을
찾을 수 있어요.

04 그림 퍼즐 맞추기

아래 그림에서 빠진 부분에 맞는 퍼즐 조각을 찾아서 빈칸에 번호를 써넣으세요.

힌트!
그림과 퍼즐의 모양을
잘 살펴보면 쉽게 정답을
찾을 수 있어요.

31

05 그림 퍼즐 맞추기

아래 그림에서 빠진 부분에 맞는 퍼즐 조각을 찾아서 빈칸에 번호를 써넣으세요.

① ② ③ ④

힌트!
그림과 퍼즐의 모양을
잘 살펴보면 쉽게 정답을
찾을 수 있어요.

06 그림 퍼즐 맞추기

아래 그림에서 빠진 부분에 맞는 퍼즐 조각을 찾아서 빈칸에 번호를 써넣으세요.

힌트!
그림과 퍼즐의 모양을
잘 살펴보면 쉽게 정답을
찾을 수 있어요.

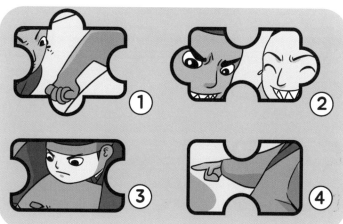

07 그림 퍼즐 맞추기

아래 그림에서 빠진 부분에 맞는 퍼즐 조각을 찾아서 빈칸에 번호를 써넣으세요.

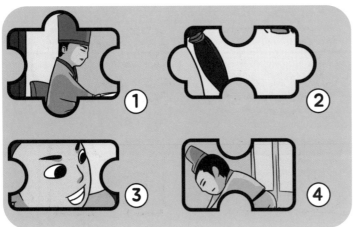

힌트!
그림과 퍼즐의 모양을
잘 살펴보면 쉽게 정답을
찾을 수 있어요.

화투 패

더하기 빼기

01 화투 패 더하기 빼기

화투 패에 해당되는 숫자로 더하기와 빼기를 해보세요.

패의 숫자를 모르신다면 책의 마지막에 있는 화투 패 숫자표를 확인해 보세요.

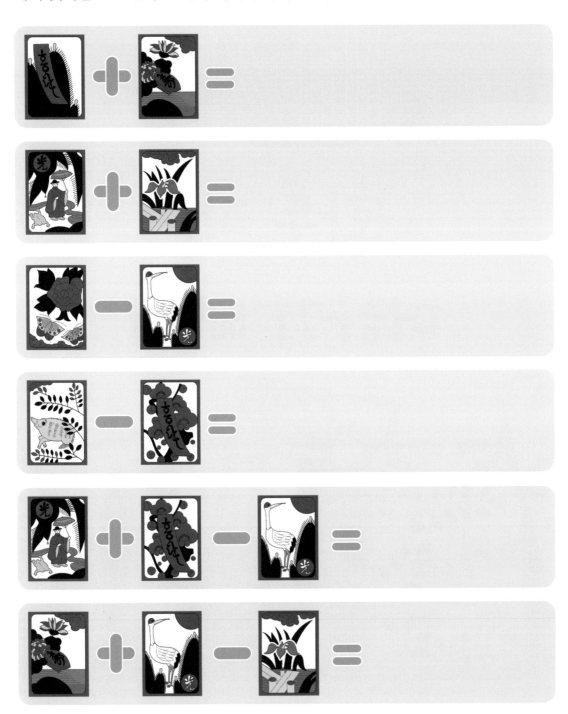

02 화투 패 더하기 빼기

화투 패에 해당되는 숫자로 더하기와 빼기를 해보세요.
패의 숫자를 모르신다면 책의 마지막에 있는 화투 패 숫자표를 확인해 보세요.

 ＋  ＝

7 ＋  ＝

 ― **4** ＝

 ―  ＝

5 ＋  ―  ＝

 ＋ **9** ―  ＝

03 화투 패 더하기 빼기

화투 패에 해당되는 숫자로 더하기와 빼기를 해보세요.
패의 숫자를 모르신다면 책의 마지막에 있는 화투 패 숫자표를 확인해 보세요.

[카드] ＋ **10** ＝

[카드] ＋ [카드] ＝

3 ― [카드] ＝

8 ― [카드] ＝

[카드] ＋ **1** ― [카드] ＝

[카드] ＋ [카드] ― [카드] ＝

04 화투 패 더하기 빼기

화투 패에 해당되는 숫자로 더하기와 빼기를 해보세요.

패의 숫자를 모르신다면 책의 마지막에 있는 화투 패 숫자표를 확인해 보세요.

＋ 1 ＝

＋ ＝

7 － ＝

－ 3 ＝

4 ＋ － 2 ＝

＋ 5 － ＝

39

05 화투 패 더하기 빼기

화투 패에 해당되는 숫자로 더하기와 빼기를 해보세요.
패의 숫자를 모르신다면 책의 마지막에 있는 화투 패 숫자표를 확인해 보세요.

+ =

+ **11** =

2 − =

− =

7 + − =

+ **9** − =

40

06 화투 패 더하기 빼기

화투 패에 해당되는 숫자로 더하기와 빼기를 해보세요.

패의 숫자를 모르신다면 책의 마지막에 있는 화투 패 숫자표를 확인해 보세요.

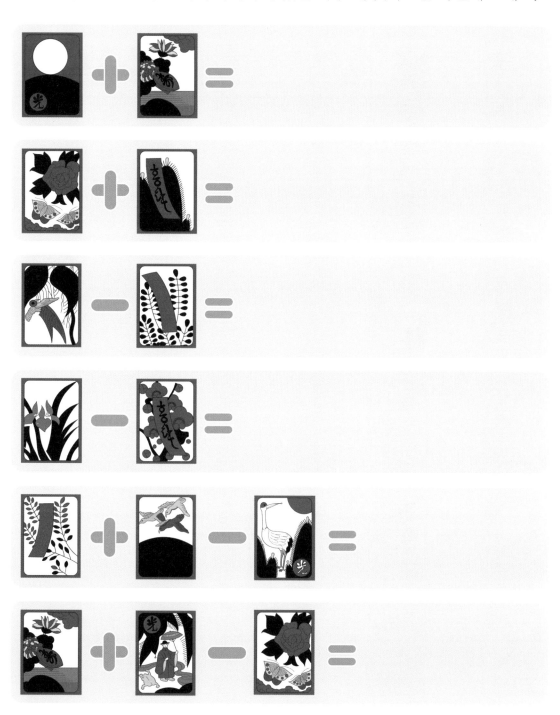

07 화투 패 더하기 빼기

화투 패에 해당되는 숫자로 더하기와 빼기를 해보세요.
패의 숫자를 모르신다면 책의 마지막에 있는 화투 패 숫자표를 확인해 보세요.

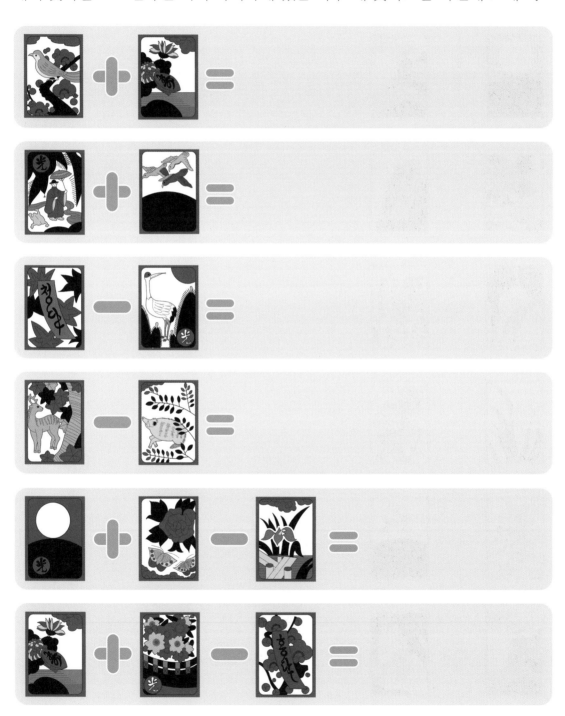

숨은 단어 찾기

01 숨은 단어 찾기

세로 5칸에 숨어 있는 3글자 동물을 찾아
아래 빈칸에 적어보세요.

원	기	룩	루	말
캥	뻐	기	새	구
이	너	무	앵	이
숭	꾸	얼	기	리
앵	거	말	무	너

힌트!
새가 2마리, 나무를 잘
타는 동물이 있어요.

44

02 숨은 단어 찾기

세로 5칸에 숨어 있는 3글자 음식을 찾아
아래 빈칸에 적어보세요.

기	짜	탕	음	양
풍	뻐	기	볶	구
이	너	육	앵	이
깐	면	수	기	장
앵	장	말	밥	피

힌트!
중국 음식을 떠올려보세요.

03 숨은 단어 찾기

세로 5칸에 숨어 있는 3글자 동물을 찾아
아래 빈칸에 적어보세요.

원	북	룩	강	부
호	극	당	새	구
이	너	무	아	이
돌	꾸	나	기	엉
랑	곰	귀	지	너

힌트! 우리나라 지도 모양을
닮은 동물과 추운 북극에 사는
동물도 있어요.

04 숨은 단어 찾기

세로 5칸에 숨어 있는 3글자 동물을 찾아
아래 빈칸에 적어보세요.

고	송	가	어	가
캥	사	기	징	구
등	너	미	앵	이
어	꾸	자	오	리
앵	리	말	무	오

힌트!
물에 사는 동물들이에요.

05 숨은 단어 찾기

세로 5칸에 숨어 있는 3글자 장소를 찾아 아래 빈칸에 적어보세요.

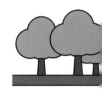

기	짜	목	편	차
수	도	기	복	주
이	서	욕	앵	이
장	면	수	점	장
영	관	탕	의	피

힌트!
우리 주변에서 흔히 볼 수 있는 장소입니다.

06 숨은 단어 찾기

세로 5칸에 숨어 있는 4글자 동물을 찾아
아래 빈칸에 적어보세요.

바	탄	룩	나	지
캥	오	막	보	미
표	너	여	앵	라
다	우	우	늘	꾸
범	랑	사	무	너

힌트! 바다에 사는 동물,
나무에 매달려 생활하는 동물,
사막에 사는 동물들이에요.

49

07 숨은 단어 찾기

세로 5칸에 숨어 있는 4글자 장소를 찾아
아래 빈칸에 적어보세요.

욕	주	지	원	텔
해	장	역	동	오
수	민	코	물	찌
찌	터	하	기	피
장	센	철	병	스

힌트! 여름이면 생각나는
곳과 대중교통을 이용할 때
가는 곳도 있어요.

미로 탈출

01 미로 탈출

병아리가 택시를 타고 약속 장소로 가려고 해요.
약속 시간에 늦지 않도록 가는 길을 찾아주세요.

02 미로 탈출

집에 맛있는 수박이 있어요.
빨리 수박을 먹을 수 있게 집으로 가는 길을 찾아주세요.

03 미로 탈출

늦은 밤, 한 스님이 산속에 있는 절로 올라가려고 해요.
스님이 안전하게 절에 도착할 수 있도록 길을 찾아주세요.

04 미로 탈출

친구의 생일을 축하해 주기 위해서 가고 있어요.
친구를 서로 만날 수 있게 길을 찾아주세요.

05 미로 탈출

시원한 음료를 마시기 위해 카페에 가고 싶은데
길을 잘 모르겠어요.
시원한 음료가 있는 곳까지 데려다주세요.

06 미로 탈출

무서운 귀신들을 피해서 달아나는 한 남자가 있어요.
집까지 안전하게 도착할 수 있도록 길을 찾아주세요.

07 미로 탈출

꿀벌이 꿀을 찾아 헤매고 있어요.
맛있는 꿀이 담긴 꿀단지로 데려다주세요.

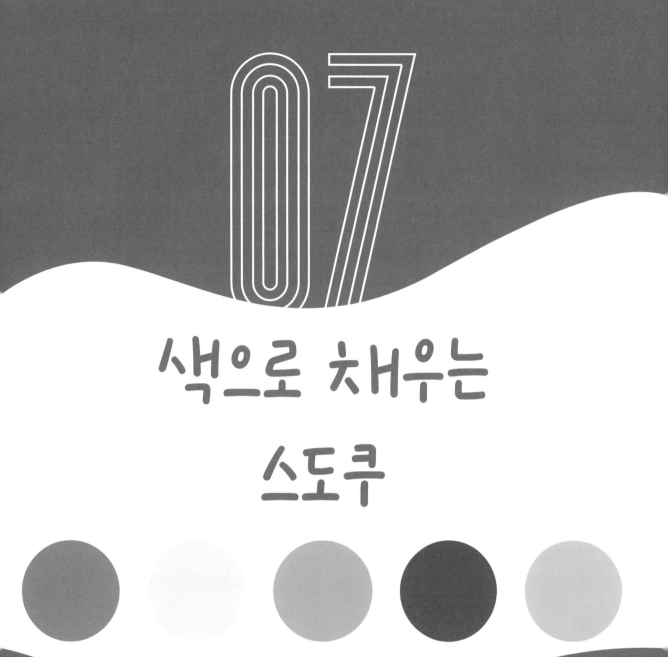

07

색으로 채우는
스도쿠

01 색으로 채우는 스도쿠

아래 4가지의 색을 빈칸에 채워 넣으세요.

단, 가로와 세로에서 색이 겹치지 않아야 합니다.

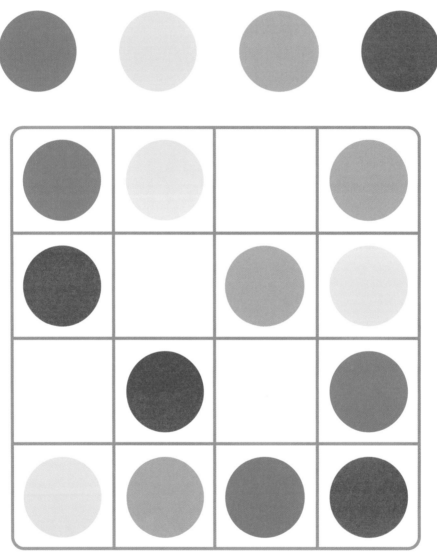

가로와 세로에 같은 색이 들어가지 않도록 천천히 색칠해
보면 어렵지 않게 정답을 찾을 수 있을 거예요.

02 색으로 채우는 스도쿠

아래 4가지의 색과 모양을 빈칸에 채워 넣으세요.
단, 가로와 세로에서 색과 모양이 겹치지 않아야 합니다.

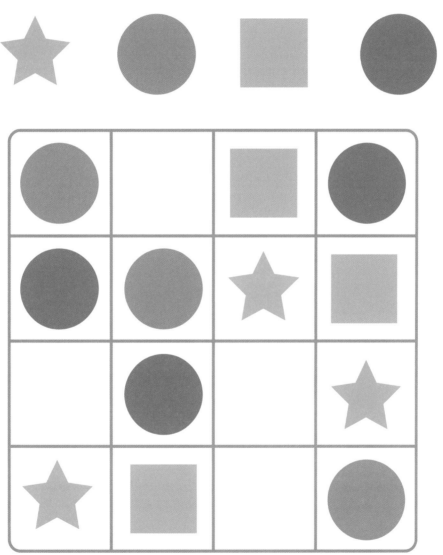

가로와 세로에 같은 색이 들어가지 않도록 천천히 색칠해
보면 어렵지 않게 정답을 찾을 수 있을 거예요.

03 색으로 채우는 스도쿠

아래 4가지의 색을 빈칸에 채워 넣으세요.
단, 가로와 세로에서 색이 겹치지 않아야 합니다.

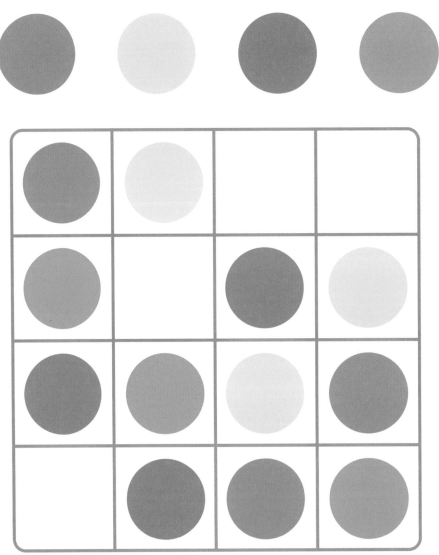

가로와 세로에 같은 색이 들어가지 않도록 천천히 색칠해
보면 어렵지 않게 정답을 찾을 수 있을 거예요.

04 색으로 채우는 스도쿠

아래 4가지의 색을 빈칸에 채워 넣으세요.
단, 가로와 세로에서 색이 겹치지 않아야 합니다.

가로와 세로에 같은 색이 들어가지 않도록 천천히 색칠해
보면 어렵지 않게 정답을 찾을 수 있을 거예요.

05 색으로 채우는 스도쿠

아래 5가지의 색을 빈칸에 채워 넣으세요.
단, 가로와 세로에서 색이 겹치지 않아야 합니다.

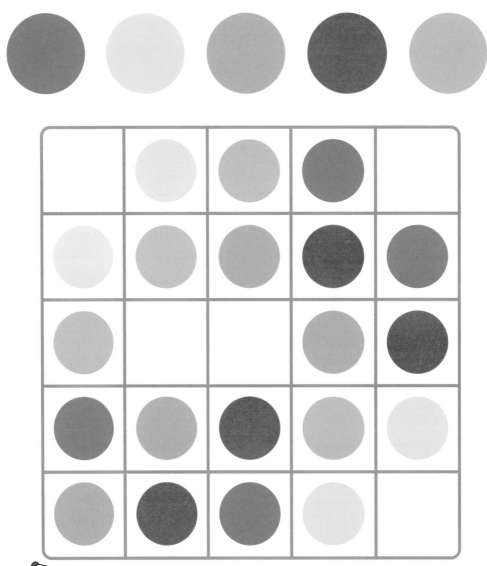

가로와 세로에 같은 색이 들어가지 않도록 천천히 색칠해
보면 어렵지 않게 정답을 찾을 수 있을 거예요.

06 색으로 채우는 스도쿠

아래 5가지의 색과 모양을 빈칸에 채워 넣으세요.

단, 가로와 세로에서 색과 모양이 겹치지 않아야 합니다.

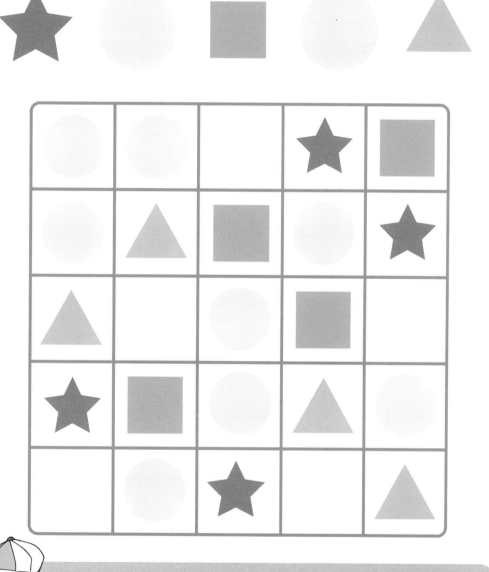

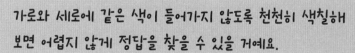

가로와 세로에 같은 색이 들어가지 않도록 천천히 색칠해 보면 어렵지 않게 정답을 찾을 수 있을 거예요.

07 색으로 채우는 스도쿠

아래 5가지의 색과 모양을 빈칸에 채워 넣으세요.
단, 가로와 세로에서 색과 모양이 겹치지 않아야 합니다.

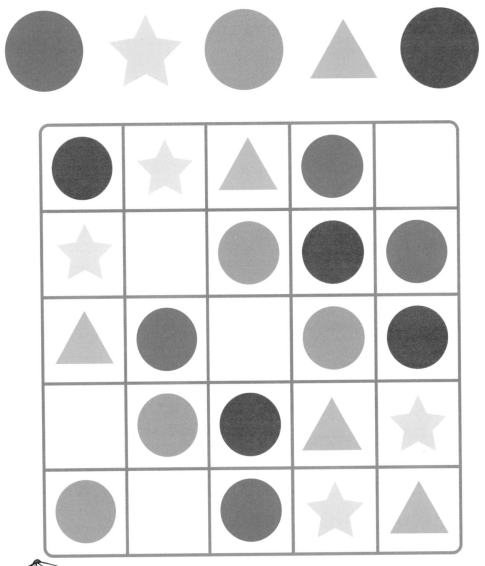

가로와 세로에 같은 색이 들어가지 않도록 천천히 색칠해
보면 어렵지 않게 정답을 찾을 수 있을 거예요.

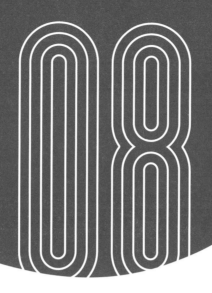

보물 상자를 열어라

01 보물 상자를 열어라

보물 상자를 열기 위해서는 2개의 열쇠가 필요해요.
자물쇠 모양을 잘 살펴보고 어떤 열쇠들이 필요한지 찾아보세요..

정답 : ＿＿ **+** ＿＿

02 보물 상자를 열어라

보물 상자를 열기 위해서는 2개의 열쇠가 필요해요.
자물쇠 모양을 잘 살펴보고 어떤 열쇠들이 필요한지 찾아보세요..

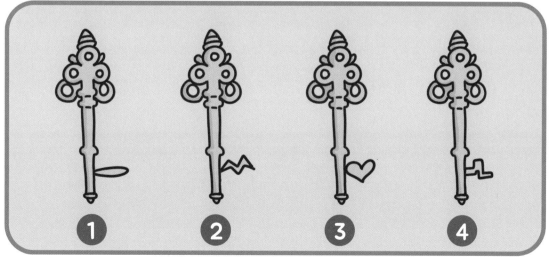

정답 : ＿＿＿ ✚ ＿＿＿

03 보물 상자를 열어라

보물 상자를 열기 위해서는 2개의 열쇠가 필요해요.

자물쇠 모양을 잘 살펴보고 어떤 열쇠들이 필요한지 찾아보세요..

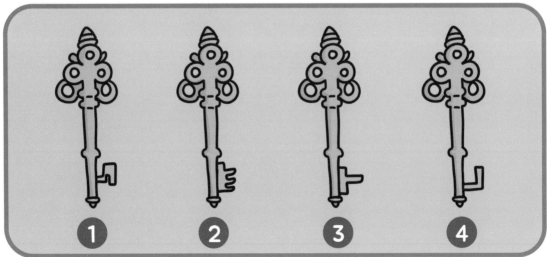

정답 : ____ **+** ____

04 보물 상자를 열어라

보물 상자를 열기 위해서는 2개의 열쇠가 필요해요.
자물쇠 모양을 잘 살펴보고 어떤 열쇠들이 필요한지 찾아보세요..

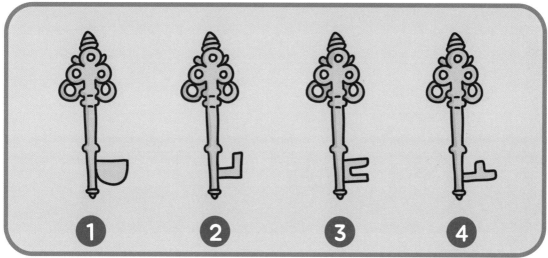

정답 : ＿＿＿ **+** ＿＿＿

05 보물 상자를 열어라

보물 상자를 열기 위해서는 2개의 열쇠가 필요해요.
자물쇠 모양을 잘 살펴보고 어떤 열쇠들이 필요한지 찾아보세요..

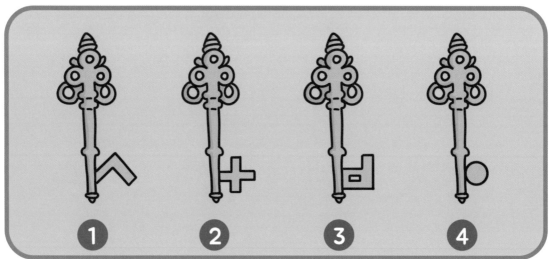

정답 : _____ ➕ _____

06 보물 상자를 열어라

보물 상자를 열기 위해서는 2개의 열쇠가 필요해요.
자물쇠 모양을 잘 살펴보고 어떤 열쇠들이 필요한지 찾아보세요..

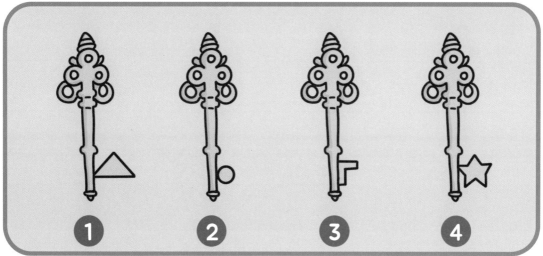

정답 : _____ ➕ _____

07 보물 상자를 열어라

보물 상자를 열기 위해서는 2개의 열쇠가 필요해요.
자물쇠 모양을 잘 살펴보고 어떤 열쇠들이 필요한지 찾아보세요..

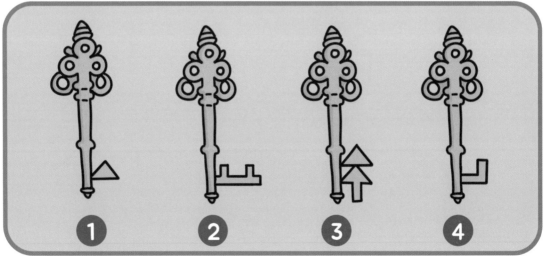

정답 : _____ ✚ _____

물건값 계산하기

01 계산해 보세요

빵 가게에서 소라빵 1개, 소시지빵 2개, 핫도그 2개,
꽈배기 1개를 주문했어요. 얼마를 지불해야 할까요?

소라빵 1개, 소시지빵 2개, 핫도그 2개,
꽈배기 1개를 주문하셨어요.

소라빵 - 1개 1,500원   핫도그 - 1개 2,000원
소시지빵 - 1개 1,000원 꽈배기 - 1개 700원

정답: 원

02 계산해 보세요

아이스크림 가게에서 콘 2개, 하드 3개, 큰 컵 1개를 주문했어요.
얼마를 지불해야 할까요?

콘 2개, 하드 3개, 큰 컵 1개를 주문하셨어요.

콘 - 1개 2,500원   하드 - 1개 1,000원
큰 컵 - 1개 8,000원

정답 :   원

77

03 계산해 보세요

과일 가게에서 수박 1개, 참외 2개, 바나나 1묶음,
샤인 머스캣 1송이를 샀어요. 얼마를 지불해야 할까요?

수박 1개, 참외 2개, 바나나 1묶음,
샤인 머스캣 1송이를 주문하셨어요.

수박 – 1개 15,500원   참외 – 1개 2,000원
바나나 – 1묶음 4,000원
샤인 머스캣 – 1송이 10,000원

정답 :   원

04 계산해 보세요

빵 가게에서 우유 2개, 식빵 1개, 밤만쥬 2개, 사탕 2개를 주문했어요.
얼마를 지불해야 할까요?

우유 2개, 식빵 1개, 밤만쥬 2개,
사탕 2개를 주문하셨어요.

우유 - 1개 1,500원   식빵 - 1개 5,000원
밤만쥬 - 1개 2,000원   사탕 - 1개 800원

정답 :   원

05 계산해 보세요

분식집에서 떡볶이 1인분, 김밥 2줄, 모듬튀김 1인분을 주문했어요.
얼마를 지불해야 할까요?

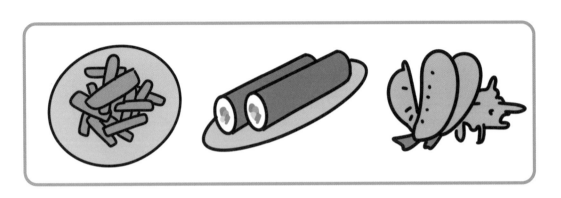

떡볶이 1인분, 김밥 2줄, 모듬튀김 1인분을
주문하셨어요.

떡볶이 - 1인분 4,500원   김밥 - 1줄 4,000원
모듬튀김 - 1인분 8,000원

정답 :   원

06 계산해 보세요

편의점에서 물 2병, 밤양갱 2개, 도넛 2개, 우유 2개를 사려고 해요.
얼마를 지불해야 할까요?

> 물 2병, 밤양갱 2개, 도넛 2개,
> 우유 2개를 주문하셨어요.
>
> 물 – 1병 1,000원　밤양갱 – 1개 1,000원
> 도넛 – 1개 2,000원　우유 – 1개 1,500원

정답 :　　　　　　　　　　　　원

07 계산해 보세요

패스트푸드점에서 햄버거 1개, 감자튀김 1개, 닭다리 2개,
작은 바게트 2개를 주문했어요. 얼마를 지불해야 할까요?

햄버거 1개, 감자튀김 1개, 닭다리 2개,
작은 바게트 2개를 주문하셨어요.

햄버거 - 1개 5,500원 감자튀김 - 1개 1,500원
닭다리 - 1개 2,500원 작은 바게트 - 1개 1,000원

정답 :   원

다른 그림 찾기

01 다른 그림 찾기

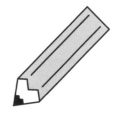

곰이 푸딩을 못 먹어서 울고 있어요.
두 그림의 다른 부분 6곳을 찾아보세요.

02 다른 그림 찾기

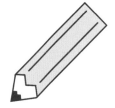

나무 옆에 작은 사슴이 있어요.
두 그림의 다른 부분 6곳을 찾아보세요.

03 다른 그림 찾기

늙으신 어머니를 업고 산길을 오르는 효자입니다.
두 그림의 다른 부분 6곳을 찾아보세요.

04 다른 그림 찾기

창고에 도둑이 들었어요.
두 그림의 다른 부분 6곳을 찾아보세요.

87

05 다른 그림 찾기

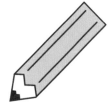

엄지공주와 왕자님이 예쁜 장미꽃 안에서
무슨 이야기를 나눌까요?
두 그림의 다른 부분 6곳을 찾아보세요.

06 다른 그림 찾기

인어공주가 왕자님이 타고 있는 배를 바라보고 있어요.
두 그림의 다른 부분 6곳을 찾아보세요.

07 다른 그림 찾기

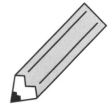

나뭇가지에 예쁜 새 한 마리가 앉아 있어요.
두 그림의 다른 부분 6곳을 찾아보세요.

지금 필요한 건 뭐?!

01 지금 필요한 건 뭐?!

맛있는 문어탕을 먹고 싶어요.

문어탕을 먹기 위해 아래 4가지 중 꼭 필요한 것은 무엇일까요?

| 수저와 그릇 | 테이블 | 김치 | 맥주 |

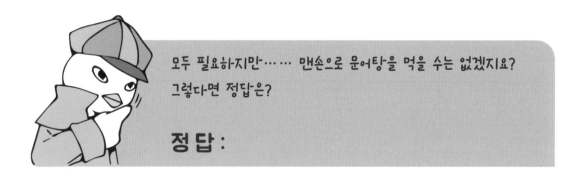

모두 필요하지만⋯⋯ 맨손으로 문어탕을 먹을 수는 없겠지요?
그렇다면 정답은?

정답 :

02 지금 필요한 건 뭐?!

많은 이삿짐을 날라야 해요.
지금 이 사람한테 필요한 건 무엇일까요?

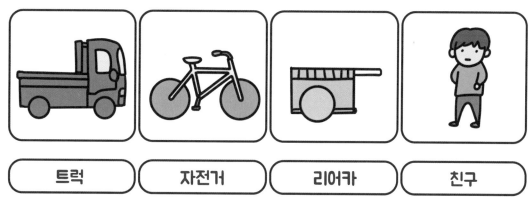

| 트럭 | 자전거 | 리어카 | 친구 |

저 많은 짐을 한 번에 옮기기에 가장 좋은 것은 무엇일까 생각해 보세요.

정답:

03 지금 필요한 건 뭐?!

키우던 화분의 식물이 시들었어요.

이럴 때 가장 먼저 필요한 것은 무엇일까요?

| 물과 물뿌리개 | 가위 | 모종삽 | 냄비 |

키우는 식물을 먹을 수는 없으니까 냄비는 좀…… 식물을 다시
잘 자라게 하려면 어떻게 해야 할지 생각해 보세요.

정답:

04 지금 필요한 건 뭐?!

바다에 놀러갔어요. 물속에 들어가서 신나게 놀고 싶은데
안전하게 놀기 위해서 무엇이 필요할까요?

튜브	돌고래	밀짚모자	슬리퍼

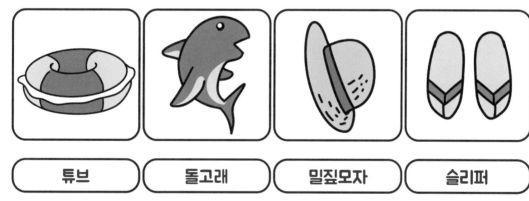

돌고래를 타고 바다를 다니고 싶지만 그건 어렵겠지요?
돌고래 대신 탈 수 있는 것은 무엇일까요?

정답 :

05 지금 필요한 건 뭐?!

잡초가 무성하게 자라났어요.
이 잡초들을 베고 싶은데 무엇이 필요할까요?

| 낫 | 아이스크림 | 살충제 | 삽 |

잡초를 베려면 날카로운 무엇인가가 필요할 것 같아요.

정답 :

06 지금 필요한 건 뭐?!

길을 가다 넘어져서 팔을 다쳤어요.
다친 상처를 치료하기 위해 무엇이 필요할까요?

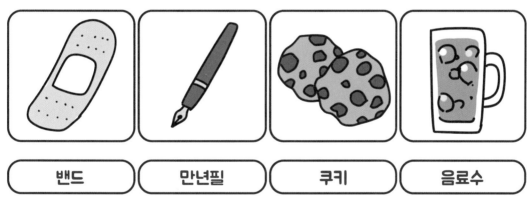

| 밴드 | 만년필 | 쿠키 | 음료수 |

아플 때 맛있는 것을 먹는 것도 좋겠지만, 그보다 먼저 상처에
세균이 들어가지 않도록 하려면 어떻게 해야 할까요?

정답:

07 지금 필요한 건 뭐?!

내 맘에 드는 집을 짓고 싶어요.

집을 짓기 위해서 무엇이 필요할까요?

| 나무 | 전기톱 | 목수 | 곰 |

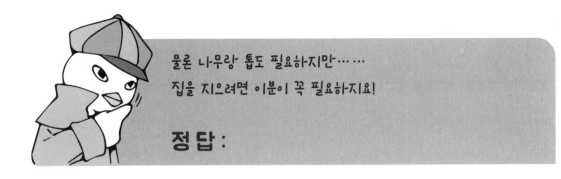

물론 나무랑 톱도 필요하지만……

집을 지으려면 이분이 꼭 필요하지요!

정답:

12

재밌는 난센스 퀴즈

01 재밌는 난센스 퀴즈

재밌는 난센스 퀴즈의 정답을 맞혀보세요.

우유가 옆으로 넘어지면? 정답 :

왕이 넘어지면? 정답 :

세상에서 가장 뜨거운 과일은? 정답 :

소가 처음 만날 때 하는 인사는? 정답 :

미소의 반대말은? 정답 :

02 재밌는 난센스 퀴즈

재밌는 난센스 퀴즈의 정답을 맞혀보세요.

고기 먹을 때 쫓아다니는 개는? 정답 :

소가 머리를 깎으면? 정답 :

아몬드가 죽으면? 정답 :

못 팔아도 돈 버는 사람은? 정답 :

등산하는 할아버지는 누구? 정답 :

03 재밌는 난센스 퀴즈

재밌는 난센스 퀴즈의 정답을 맞혀보세요.

세상에서 가장 착한 사자는? 정답 :

도둑이 훔친 돈은? 정답 :

자가용의 반대말은? 정답 :

세상에서 제일 가난한 임금은? 정답 :

소고기가 없는 나라는? 정답 :

04 재밌는 난센스 퀴즈

재밌는 난센스 퀴즈의 정답을 맞혀보세요.

딸기가 회사에서 잘리면? 정답 :

사과가 웃으면? 정답 :

이상한 사람들이 모여 있는 곳은? 정답 :

사람 몸무게가 가장 많이 나갈 때는? 정답 :

세상에서 가장 행복한 바다는? 정답 :

05 재밌는 난센스 퀴즈

재밌는 난센스 퀴즈의 정답을 맞혀보세요.

도둑이 가장 싫어하는 아이스크림은? 정답 :

전주비빔밥보다 더 신선한 비빔밥은? 정답 :

뽑으면 우는 식물은? 정답 :

덜 자란 옥수수를 세 글자로 하면? 정답 :

3월에 대학생을 이길 수 없는 이유는? 정답 :

06 재밌는 난센스 퀴즈

재밌는 난센스 퀴즈의 정답을 맞혀보세요.

종이가 한숨을 쉬면? 정답 :

콩나물이 무를 때리면? 정답 :

새 중에 가장 빠른 새는? 정답 :

과소비가 심한 동물은? 정답 :

꽃집 주인이 싫어하는 도시는? 정답 :

07 재밌는 난센스 퀴즈

재밌는 난센스 퀴즈의 정답을 맞혀보세요.

내 것인데 남이 더 많이 쓰는 것은? 정답 :

세상에서 제일 빠른 말은? 정답 :

펭귄이 다니는 고등학교는? 정답 :

먹을수록 힘든 것은? 정답 :

아이스크림이 죽은 이유는? 정답 :

정답을 확인하세요

01 짝꿍 찾기

01 제빵사 — 빵, 간호사 — 주사기, 소방관 — 소방차, 경찰 — 수갑

02 닭 — 달걀, 배 — 바다, 의자 — 책상, 축구공 — 골대

03 곰 — 꿀, 쥐 — 치즈, 다람쥐 — 도토리, 토끼 — 당근

04 야구방망이 — 야구공, 휴지 — 화장실, 축구공 — 골대, 개 — 목줄

05 냄비 — 가스레인지, 음료수 — 컵, 칫솔 — 치약, 옷 — 옷걸이

06 눈 — 눈사람, 먹구름 — 비, 해 — 달, 나무 — 열매

07 금붕어 — 어항, 양초 — 라이터, 돈 — 지갑, 꽃 — 화분

02 누구일까

03 그림 퍼즐 맞추기

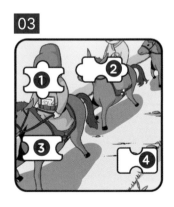

04

05

06

07

04 화투 패 더하기 빼기

01 1+9=10, 12+5=17, 6-1=5, 7-2=5, 12+2-1=13, 9+1-5=5 **02** 2+9=11, 7+11=18, 6-4=2, 7-2=5, 5+2-5=2, 9+9-1=17 **03** 5+10=15, 12+5=17, 3-1=2, 8-2=6, 12+1-3=10, 9+6-5=10 **04** 1+1=2, 9+3=12, 7-1=6, 7-3=4, 4+2-2=4, 9+5-1=13 **05** 5+9=14, 12+11=23, 2-1=1, 8-2=6, 7+5-1=11, 9+9-5=13 **06** 8+9=17, 6+1=7, 12-4=8, 5-2=3, 7+8-1=14, 9+12-6=15 **07** 2+9=11, 12+8=20, 10-1=9, 10-7=3, 8+6-5=9, 9+3-2=10

05 숨은 단어 찾기

01 원숭이, 뻐꾸기, 얼룩말, 앵무새, 너구리
02 깐풍기, 짜장면, 탕수육, 볶음밥, 양장피
03 호랑이, 북극곰, 당나귀, 강아지, 부엉이
04 고등어, 송사리, 가자미, 오징어, 가오리
05 수영장, 도서관, 목욕탕, 편의점, 주차장
06 바다표범, 오랑우탄, 사막여우, 나무늘보, 미꾸라지
07 해수욕장, 주민센터, 지하철역, 동물병원, 오피스텔

06 미로 탈출

01

07 색으로 채우는 스도쿠

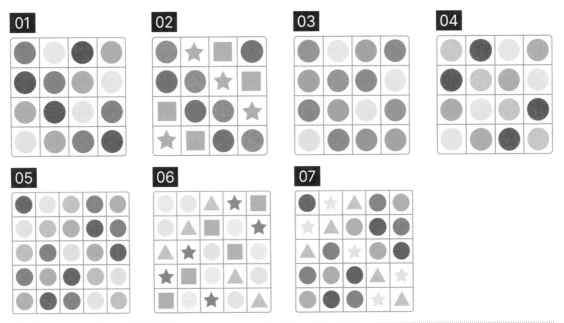

08 보물 상자를 열어라

01 ①, ②　02 ①, ③　03 ③, ④　04 ①, ④　05 ②, ④　06 ①, ③　07 ②, ③

09 물건값 계산하기

01 1,500+(1,000×2)+(2,000×2)+700=8,200원
02 (2,500×2)+(1,000×3)+8,000=16,000원
03 15,500+(2,000×2)+4,000+10,000=33,500원
04 (1,500×2)+5,000+(2,000×2)+(800×2)=13,600원
05 4,500+(4,000×2)+8,000=20,500원
06 (1,000×2)+(1,000×2)+(2,000×2)+(1,500×2)=11,000원
07 5,500+1,500+(2,500×2)+(1,000×2)=14,000원

10 다른 그림 찾기

01
02
03
04

05
06
07

11 지금 필요한 건 뭐?!

01 수저와 그릇 **02** 트럭
03 물과 물뿌리개 **04** 튜브
05 낫 **06** 밴드 **07** 목수

정답을 확인하세요

12 재밌는 난센스 퀴즈

01 아야, 킹콩, 천도복숭아, 반갑소, 당기소
02 이쑤시개, 이발소, 다이아몬드, 철물점 사장, 산타
03 자원봉사자, 슬그머니, 커용, 최저임금, 소고기무국(소고기뭇국)
04 딸기 시럽, 풋사과, 치과, 철들 때, 웃음바다
05 누가바, 이번 주 비빔밥, 우엉, 아이콘, 개강하니까
06 휴지, 콩나물무침, 눈 깜짝할 새, 사자, 시드니
07 내 이름, 주말, 냉장고, 더위, 차가 와서

화투花鬪는 일 년 열두 달을 상징하여 1월부터 12월까지 사계절을 나타내는 화초 그림이 그려져 있으며, 각각의 달에 4장씩 총 48장으로 구성되어 있습니다.

1월 송학 (해와 소나무와 학)

2월 매조 (매화와 꾀꼬리)

3월 벚꽃

4월 흑싸리 (등나무와 두견새)

5월 난초

6월 모란

7월 홍싸리

8월 공산 (달과 산과 기러기)

9월 국화

10월 단풍

11월 오동 (봉황과 오동나무)

12월 비[雨]